JN226794

すみっコぐらしの すみっこ名言

［監修］サンエックス

なコたちです

名言を学びましょう。

とんかつ

とんかつのはじっこ。
おにく1%、しぼう99%。
あぶらっぽいからのこされちゃった…

えびふらいのしっぽ

のこされちゃった…
とんかつとは
こころつうじる友。

にせつむり

じつは、からを
かぶったなめくじ。
うそついてすみません…

とかげ

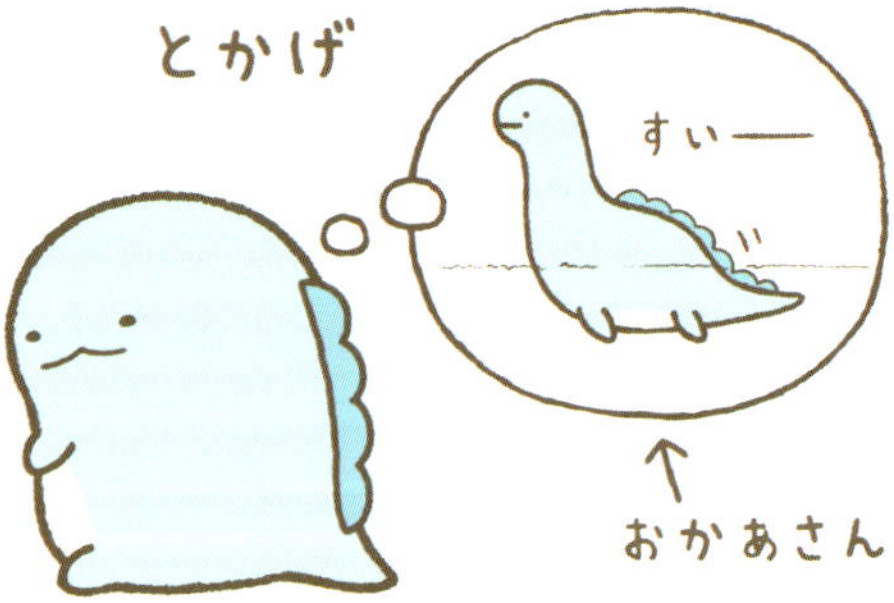

じつは、きょうりゅうのいきのこり。
つかまっちゃうのでとかげのふり。
にせつむりにはこころひらいている。

たぴおか

ミルクティーだけ
さきにのまれて
のこされちゃった…

すずめ

ただのすずめ。
とんかつを気に入って
ついばみにくる。

やま

ふじさんにあこがれている
ちいさいやま。

「すみっコ」はこん

かわいいすみっコたちといっしょに、5人の偉人の

しろくま

北からにげてきた、さむがりで
ひとみしりのくま。あったかいお茶を
すみっこでのんでるときがおちつく。

ふろしき

しろくまのにもつ。
ばしょとりにつかわれる。

ねこ

はずかしがりやのねこ。
よくすみっこでうしろむいて
つめをといでる。

ぺんぎん？

じぶんはぺんぎん？
じしんがない。昔はあたまに
おさらがあったような…

ざっそう

いつかあこがれのおはなやさんで
ブーケにしてもらう！
というゆめをもつ
ポジティブなくさ。

ほこり

すみっこは
おれたちのにわ！
いえーい！

おばけ

こわがられたくないので
ひっそりとしている。

もくじ

「すみっコ」はこんなコたちです …… 2

[1] オードリー・ヘップバーンの言葉（女優／1929－1993）…… 6

[2] アガサ・クリスティーの言葉（作家／1890－1976）…… 32

[3] ココ・シャネルの言葉（ファッション・デザイナー／1883－1971） …… 58

[4] ルーシー・モード・モンゴメリの言葉（作家／1874－1942） …… 80

[5] マリー・キュリーの言葉（科学者／1867－1934） …… 98

主要参考文献 …… 110

［1］

オードリー・ヘップバーン の言葉

『ローマの休日』で気品あふれる王女を演じて、一躍スター女優《じょゆう》となったオードリー・ヘップバーン。その演技で24歳にしてアカデミー主演女優賞を受賞すると、『麗《うるわ》しのサブリナ』、『ティファニーで朝食を』『マイ・フェア・レディ』など、数々の映画で活躍しました。舞台《ぶたい》でも活躍し、『オンディーヌ』でトニー賞を受賞しています。

また、スリムな長身をいかしてユベール・ド・ジバンシーがデザインした美しい衣装《いしょう》の数々を華麗《かれい》に着こなし、それまでの豊満な身体を目立たそうとしていたファッション界に革命を起こしました。

若くして大きな成功を手にした彼女は、それでもおごることなく、内気で優《やさ》しい人柄は変わることがありませんでした。

家族をたいせつにしていた彼女は、15年ほどで映画の世界での活動をほとんどしなくなりました。晩年はユニセフ親善大《しんぜんたい》使《し》に就任《しゅうにん》して世界をまわり、子どもたちを貧困《ひんこん》から救う活動に生涯を捧《ささ》げました。

Audrey Hepburn

（女優／1929–1993）

人と人との関係こそが、
もっともたいせつなのだと
わかりました。
お金、食べもの、
ぜいたく、地位、
そのほかどんなものよりも、
はるかに。

オードリーが10歳から15歳のころ、彼女の住むオランダはナチス・ドイツに占領《せんりょう》されました。
抵抗《ていこう》運動の手助けをし、ついには栄養失調《えいようしっちょう》で命を失いかけた彼女を支えたのは、
人々の友情と信頼関係だったのです。

わたしにできるのは、
ベストをつくすこと。
……そして
希望を捨てないこと。

少女時代のオードリーはバレリーナを目指していました。
しかしナチス占領下の5年間のブランクで、その夢は遠のきました。
それでも彼女はダンサーとして活動を続け、ついには映画と舞台の大女優となったのです。

（アカデミー賞を受賞して）

なんだか、
大きすぎる服を
もらったみたい。
服に合うまで成長しないと。

新人女優のオードリーは『ローマの休日』でアカデミー主演女優賞を受賞しました。
受賞は早すぎるという批判もありましたが、すぐ消えました。
オードリー自身が一番謙虚《けんきょ》で、その後も優れた演技を続けたからです。

たくさんの人たちが
わたしを助けてくれたから、
その人たちを
がっかりさせたくないの。

誰にでも優しく明るいオードリーは共演者やスタッフからとても愛されました。
たとえば『ローマの休日』で共演した大スターのグレゴリー・ペックは、
新人のオードリーを自分と同等の主演とするよう主張してくれたのです。

もしかすると、
わたしみたいに
自分に自信がないほうが
うまくいくのかも
しれないわね。
でも、そういう性格だと
とても気《き》疲《づか》れがするのよ。

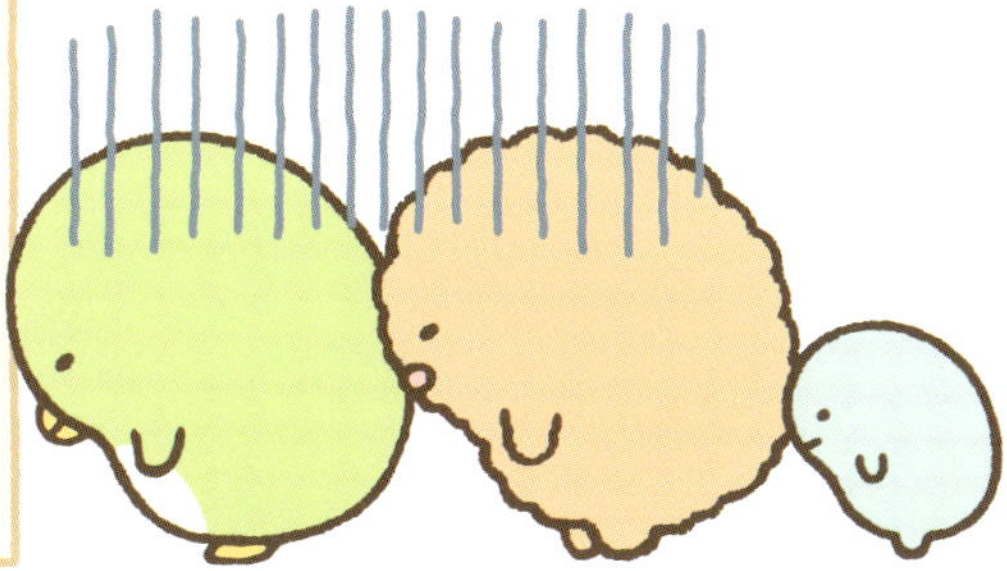

多くの人が、オードリーほどの努力家は見たことがないと証言しています。
映画撮影《さつえい》の前には、毎日16時間の稽古《けいこ》を続けることもざらでした。
それでも彼女は生涯、自分の演技に自信をもつことはありませんでした。

自分の欠点を
隠《かく》そうとするよりも、
正面から
向き合うべきです。
その上で欠点以外に
磨《みが》きをかけましょう。

オードリーは自分の容姿《ようし》に自信がありませんでした。
高すぎる背と、歯並びの悪さや眉毛《まゆげ》の濃さを気にしていました。しかし撮影では、
歯にキャップをかぶせたり眉毛を抜くことをすすめられても、断固拒否しました。

わたしはまるで
カタツムリみたいに、
家を背《せ》負《お》って歩くの。

オードリーは仕事でさまざまな国に行くとき、たくさんの荷物《にもつ》を持って移動していました。
どこのホテルに泊まっても、自宅のように過ごしたのです。
それはオランダ貴族の母親から学んだ快適な旅行術だったようです。

わたしは
外《がい》向《こう》的《てき》な性格の役を
演じなくてはなりません。
でも、わたし自身は
内《ない》向《こう》的《てき》な人間なのです。

『ティファニーで朝食を』のホリー役を演じるとき、オードリーはとても苦労をしたようです。
原作小説のホリーはマリリン・モンローがモデルだったのですが、
オードリーは都会的で洗練《せんれん》されたホリーを見事に演じきりました。

人にはそれぞれ、
自分のスタイルがあります。
それを発見できたら、
それをずっと
貫《つらぬ》き通すべきです。

オードリーは、それまで不利だとされてきた長身とやせた体によって
ファッションに革命を起こしました。そして若きデザイナー、ユベール・ド・ジバンシーの
才能を見出し、華麗な衣装の数々を着こなして映画で披露《ひろう》しました。

あなたが選んでくれる花、
聴かせてくれる音楽、
そしてわたしに見せる笑顔が
かけがえのないものなのだ。

オードリーにとって家は、ただの場所ではありませんでした。
家族がそろって笑い声がたえないことが、とても大切だったのです。
それゆえ彼女は、女優としてのキャリアを中断してまで家族といることを選びました。

仕事はつねにある
わけではありません。
でも、わたしにはつねに
家族がいてくれます。

オードリーはいつも家族の幸せを第一に考えました。
それはおそらく、幼いころ自分の父親が家を出て行った悲しみや、
ナチスの占領下で受けた苦しみを子どもに経験させないためだったのでしょう。

わたしたちが一緒にいるのは、
一緒にいなくては
いけないからではなくって、
一緒にいたいからなのよ。

オードリーの最後の恋人は俳優のロバート・ウォルダースでした。
2人はとても仲の良い、幸せな恋人たちでしたが、結婚しないまま終生《しゅうせい》をともにしました。
それは制度や義務《ぎむ》によるものではなく、2人の愛情と信頼による結びつきだったのです。

もしあなたが
我慢《がまん》できそうもない
苦しみをかかえているなら、
ためらうことなく
周囲に助けを求めるべきです。

オードリーは、心の傷にとても敏感《びんかん》でした。
軽い風邪《かぜ》なら自分ひとりでも治せるけれど高熱が出たら病院に行くのと同じように、
心が大きく傷ついたときには自分ひとりで治そうとしてはならないと述べているのです。

率《そっ》直《ちょく》にいいましょう。
わたしはまったく仕事を
したくありません。

女優をやめて家族と過ごすようになってからも、オードリーの私生活は
しばしばマスコミに書きたてられました。彼女はそれを嫌がり、とくに家族のために彼女の
女優としてのキャリアが犠牲《ぎせい》になったと言われることを、とても嫌がりました。

はじめから多くを
望んでいなかったから、
わたしは今、
なんの不平不満もなく
暮らしているのよ。

オードリーは若くして成功しましたが、それを長く維持《いじ》しようとはしませんでした。
もともと謙虚で強い欲望の持ち主ではなかった彼女にとって、
家族と暮らす平和な毎日がなにものにも代えがたいものだったのです。

わたしは自分の望みよりも、
ずっと多くのものを
手に入れたわ。
でも、そのほとんどは
向こうからやってきたのよ。

オードリーは多くの挫折《ざせつ》を経験しています。母が裕福なオランダ貴族だったものの、
父が失踪《しっそう》し、戦争で財産を失い、バレリーナとして成功する夢もかないませんでした。
しかし、彼女は得られたものに感謝し続けたのです。

わたしに特別な才能は
ありませんでした。
とても内気な性格で、
人前でなにかするのは
苦手でした。

オードリーは、自分は内気で役者向きではなかったと述べています。
そして、そんな自分が女優として成功できたのは、『ローマの休日』の
ウィリアム・ワイラーをはじめとする、優れた映画監督《かんとく》のおかげだと言っています。

今のわたしは、
自分の理想像からは
まだまだ遠いところにいるわ。
でもね、そんなわたしも
そんなに悪くはないと
思えるようになってきたの。

オードリーは自分の人生における最大の収穫《しゅうかく》は、
欠点が多い自分自身を受け入れられるようになったことだと述べています。
またそれにより、自分だけでなく他人の欠点も受け入れられるようになったとも述べています。

こんなに心おだやかに
暮らせるところは
世界中を探しまわっても
見つからないと思うわ。

オードリーはスイスを安住《あんじゅう》の地としました。
買った家には庭《にわ》があり、彼女は庭の手入れを好みました。
マスコミに追い回されることもなく、町の人々と交流しながらおだやかな毎日を過ごしたのです。

わたしは
人を助けるチャンスを
もらったの。
わたしにとってそれは
特別な権《けん》利《り》なのよ。

オードリーは晩年、ユニセフ親善大使としての活動にその身を捧げました。
貧困に苦しむ国々に自ら足を運び、飢《う》えや病気で命を落とす子どもを救うために、
寄《き》付《ふ》を呼びかけたのです。

みんなの1%が
100%への
第一歩となるのです。

ユニセフ親善大使となったオードリーは、国際連合加盟国に対して、
GNPの1%を途上国開発基金に提供するよう訴えました。
貧困により死んでいく子どもたちの命を救うことに、彼女は自分の影響力を使ったのです。

美しい歌は
歌詞だけでなく
曲も美しいでしょう?
だからあなたが
なにを言ったかだけでなく、
どう言ったのかが
重要なの。

オードリーは自分の子どもたちに、話し方のたいせつさをこのように教えたといいます。
オードリーは言葉そのものも常に思いやりにあふれていましたが、
その話し方まで気を配っていたのです。

笑わせてくれる人が好きよ。
笑うことこそ、
この世で一番
すてきなことだから。

オードリーは笑わせてくれる人を愛しましたが、彼女自身も常に相手を笑顔にする人でした。
死の直前さえも、重い病気で苦しんでいるにもかかわらず、
家族や友だちに対して笑顔を絶《た》やさなかったのです。

わたしはこの世に、
愛されたいという思いと
愛したいという思いを
持って生まれてきたの。

オードリーは彼女の功績《こうせき》をたたえるパーティーで、共演者たちに感謝を述べたあと、
愛情こそが自分の演技で一番大切なものだったと述べています。
人を愛し、人から愛されたことで、彼女は名女優になったのです。

（自分自身をひと言で表すと？という質問に）

ラッキー。

オードリーのあだ名は「聖《せい》オードリー」でした。
それは、変人ぞろいのハリウッドでは目立って謙虚で善良だったからです。
彼女は自分の成功についても、謙虚に周囲の力と「ラッキー」のおかげだと述べています。

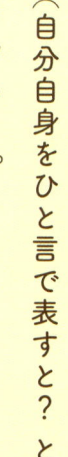

［2］

アガサ・クリスティーの言葉

「灰色の脳細胞《のうさいぼう》」で事件を解決するエルキュール・ポアロ、編《あ》み物をしながら謎を解くミス・マープル、夫婦で事件に立ち向かうトミーとタペンス……。アガサ・クリスティーは、魅力《みりょく》的な名探偵が活躍する推理小説を数多く世に送り出し、世界中で愛された作家です。

アガサは子ども時代、母親の考えで一般的な学校教育を受けず、家でメイドと遊んだり、自分で空想した友だちと遊びながら成長しました。そのため彼女は、とても内気で他人の心に敏感な、そして読書好きな少女となりました。

アガサは十代の頃は歌手かピアニストになるための教育を受けますが、才能がないとわかるとあきらめてしまいました。その代わりにアガサが目指したのは小説家でした。そしてアガサには、その才能がありました。30歳のときにポアロが登場する『スタイルズ荘《そう》の怪事件』でデビューすると、『アクロイド殺し』『オリエント急行の殺人』『ABC殺人事件』『そして誰もいなくなった』など数々の傑作《けっさく》で人々を熱狂させました。それらの作品は今も世界中で読まれており、アガサはミステリーの女王と呼ばれています。

Agatha Christie

（作家／1890–1976）

わたしは
人生を愛している。
激しく絶望し、心がくじけ、
悲しみに暮れたことも
あったけれど、
やはり人生は美しい。

アガサは浮き沈みの激しい人生を送った女性です。
とくに11歳のときの父の経済的な破綻《はたん》と病死、38歳での夫アーチーとの離婚《りこん》は、
大きな打撃でした。それでもアガサはいつも、その困難を乗り越えていったのです。

とても大きな幸せを前にして、
わたしはそれと
折り合いをつけるため
ひとりになりたかった。

アガサは内気な少女でした。彼女は5歳の誕生日に、両親に子犬のトニーをもらいました。
あまりに嬉しかったアガサはどうしてよいかわからず、犬に背を向けてトイレにこもり、
ひとりで幸せをかみしめたのです。

世の中には、
なろうと思っても
なれないものがある。
このことを
しっかりと理解するのは
とても大切なことだ。

子どものころ、アガサはメイドの「ばあや」から、日常のマナーをはじめ多くのことを学びました。
ばあやは「レディ・アガサ」と呼ばれるには貴族の家に生まれる必要があることなど、
世の中の厳しい現実も教えてくれたのです。

はっきりとものが言えない
性格だったからこそ、
わたしは
作家になったのだ。

口べただったアガサですが、文章を書くときはおしゃべりでした。
大好きな「ばあや」が引退して遠くに行った後、アガサは何ヶ月もの間、毎日手紙を書きました。
母に多すぎると注意された後も、1週間に2通は送り続けました。

相手のことが
滑《こっ》稽《けい》に見えるとき、
そのときこそ、
その人をどれだけ
愛しているかがわかるのだ。

アガサは、自分の人生の楽しみは日常生活の中にこそあったと述べています。
日常の中における家族や恋人、友だちのちょっとした失敗や滑稽さの中にさえ、
アガサは愛おしさを見出していたのです。

わたしは
秘密を話さない。
秘密を手放したくないから。

ある日、アガサは犬のトニーと食堂のテーブルの下に隠れていて、
メイドがスープ入れのおたまで直《じか》につまみ食いするのを見てしまいました。
しかしその秘密を家族に話したのはメイドがやめてだいぶ経ったころでした。

愛するもののためには、
それにふさわしい対価を
支払うべきだと思います。

アガサが11歳のときに父が亡くなり、家族は経済的に苦しくなりました。
それまで住んでいた家は維持費が高かったのですが、
それでもアガサたちは手放しませんでした。それだけ、家とその記憶を愛していたのです。

少女時代は
本当におもしろい。
人生がすばらしい
賭《か》けだからだ。

人生はどんな人と出会うかによって大きく変わっていきます。
とくに少女にとっては出会いがとても重要な意味を持つと、アガサは述べています。
アガサ自身も多くの出会いによって人生がどんどん変わっていきました。

あなたは今、
生きている。
そして目がさめたら
新しい日が
あなたを待っている。

アガサは日常の中の変化によく気づき、その変化を楽しむことができる女性でした。
だからこそ、なにか悲しいことや悔《くや》しいことがあったとしても、
次の日の楽しさの中で忘れることができたのです。

未知へ向かう旅の、
新しい一歩がはじまる。
それは、人生という
すばらしい旅の一歩である。

アガサは、人生はその人のものであって他の誰のものでもない、
だからこそ楽しくてすばらしいのだと述べています。
当然のことながら、そう述べているアガサ自身、自分の人生を楽しんでいたのです。

わたしは、
働くことはすばらしいことだ、
とする説は
違うのではないかと
思えてならないのだ。

人が働くのは必要だからやっているに過ぎない、だから働くのは感心だというのは変だと
アガサは主張しています。それにはどうやら、
財産の運用で食べていた（そして最後は財政破綻した）父の影響もありそうです。

もし望みが達成できなければ、
まずはそのことを
はっきりと認めよう。
それから、
くよくよするのをやめて
前へ進むのだ。

アガサは若いころ音楽学校に入学し声楽とピアノを学びました。
毎日7時間以上練習し、プロを目指したのです。
しかし教師から性格的にプロになることは難しいと言われ、その道をあきらめたのでした。

どんなことにも人は慣れる。
それは真実だ。

第一次世界大戦がはじまると、アガサは篤志看護師《とくしかんごし》として病院で勤務するようになりました。
最初の手術では気絶してしまいましたが、すぐに慣れたそうです。
その後は薬剤師《やくざいし》となって薬物に詳しくなりました。

もし自分の望みを
かなえるチャンスが来たときに、
冒険《ぼうけん》することができなかったら、
人生がもったいない。

アガサは戦時中アーチボルト・クリスティーと結婚しました。
戦後、夫はロンドンで働きますが、友人に英国使節《しせつ》としての世界一周に誘われます。
帰国後の仕事のあてはないものの、夫婦は世界一周に旅立ちました。

自分はどんな人間なのか、
見つけなければならない。

アガサと夫の間には娘が誕生しました。その翌年、アガサは小説家デビュー。
『アクロイド殺し』で人気作家となりました。幸せな日々でしたが、夫とうまくいかず離婚。
アガサは自分の足で歩いていくことになります。

わたしは自分を
思い通りにできる。
見たいところがあれば
どこでも見られる。

離婚をめぐる騒動《そうどう》でマスコミ嫌いになったアガサは、イギリスでの生活に嫌気《いやけ》がさします。
そこで、ひとりオリエント急行に乗り、バグダッドへ旅立ちました。
この経験は『オリエント急行の殺人』の執筆《しっぴつ》に役立ちました。

わたしは犬のような性格だ。
犬は誰か散歩に連れ出して
くれる人がいなければ
外に出かけない。

内気なアガサは、かつては行動力のある母親や前夫に引きずられるように
さまざまな経験をしてきました。しかし彼女自身が選んだバグダッドへの旅で、
生涯を共にすることになるマックス・マローワンと出会うのでした。

わたしは出来事を
ありのまま
受け入れるのが得意で、
興奮《こうふん》したりしない。
さらにはいつでもどこでも
眠れる特技がある。

アガサは考古学者のマックスに中東《ちゅうとう》の遺跡《いせき》を案内してもらいました。
その際に砂漠《さばく》の中で車が動かなくなりましたが、助けを待つ間、
アガサは騒がず車の日陰《ひかげ》で眠りました。そんなアガサに、マックスは恋をしました。

色あざやかな鳥の羽、
色とりどりの木の葉、
そういうものこそが
本物の宝で、
高価な宝石よりも
すばらしい。

アガサは子どものころから、貝がらや色のついた石に美しさを見出していました。
そしてマックスに案内された遺跡でもアガサは、考古学上は価値がない、
色とりどりの陶器《とうき》の破片《はへん》に感動し、拾い集めて楽しみました。

わたしはわたしに
できることしかできないし、
わたしはわたしが
やりたいことしかやれない。

アガサは、人は6歳前後にはっきりと見てとれる人間性や個性がそのまま生涯変わることがない、と述べています。アガサは、自分にできることとできないことをよく見きわめ、できることを一生懸命《けんめい》にやったのです。

わたしはわたしであることを
我慢しなくてはならない。

アガサは、自分にできることとできないことのリストを書いています。
そのリストでは残念ながら、できないことの方が多くなっています。
そのことについてアガサは、それが自分なのだから仕方がないと述べています。

一緒にいて幸せな相手を
見つけることには、
危険を冒《おか》すだけの
価値があるはずだ。

マックスがアガサに結婚を申し込んだとき、前回の離婚でたいへん傷ついていたアガサは、自分より14歳年下のマックスとの結婚にためらいました。しかしマックスの熱心な説得で、ついには結婚を決めたのでした。

わたしたちは簡単に絶望して
「しかたがない」と言いたがる。
しかし、
もっと希望を育てて
いくべきなのだ。

アガサは第一次世界大戦の終結後、二度と戦争が起きないことを強く望んでいました。
しかし第二次世界大戦が起き、アガサの娘の夫も戦死をしました。
それでも、「善意による夜明けはあるはずだ」とアガサは述べています。

友人がいる生活はすばらしい。
心があたたかくなり、
人生が喜びに満ち、
なにかといえば
よく笑えるようになる。

アガサは内気でしたが、一度仲良くなった人とは終生の友情が続きました。
夫や娘など家族たちとの温かい家庭があり、友人たちとの交流がある、
そんな毎日をアガサはかけがえのないものだと考えていたのです。

[3]

ココ・シャネルの言葉

史上最高のデザイナーとして今も尊敬《そんけい》を集めるココ・シャネル。彼女は社交的で、人並みはずれておしゃべりでした。しかしココ自身が語っているように、彼女のおしゃべりは、沈黙《ちんもく》を恐れるため、そして自分の悲しい過去を隠すためのものだったのです。

幼くして母を失い、また父に捨てられたココは、預《あず》けられた修道《しゅうどう》院《いん》で成長しました。職を転々とするうちに、彼女は当時の恋人から資金援助《しきんえんじょ》を受けて帽子《ぼうし》店を開店します。人々はココの作り出す新しい帽子に熱狂し、ココは洋服も作るようになりました。

当時の女性たちは、体をしめつけるコルセットを身につけて、その上にドレスを着ていました。ココはジャージーなど動きやすい素材や紳士《しんし》服の仕立て方をとりいれることで、動きやすくてエレガントな女性服を生み出していきました。ココの服は、女性たちをきゅうくつなコルセットから解放したのです。一度は引退して15年にわたりファッション界から離れましたが、70歳で復帰。それから87歳で亡くなるまでずっとパリのファッション界の最前線に立ち続け、美しい服を生み出し続けました。

Coco Chanel

（ファッション・デザイナー／1883–1971）

孤独《こどく》がわたしを強くしてくれた。

ココが11歳のときに母親が病死すると、行商人の父親は子どもたちを修道院に預けてどこかへ行ってしまいました。ココは文章の書き方さえろくに教わることなく、厳しい環境の中で成長していったのです。

猫みたいにだかれるのはイヤ。
わたしは自分の道を
まっすぐ行くわ。
たとえその道が
間違いだったとしても。

当時の女性の幸福は、どの男性と結婚するかで決まるものでした。
しかしココは、自分で仕事をすることで自立することを望みます。
恋人に資金援助してもらい帽子店を開くと、帽子は飛ぶように売れていきました。

わたしは
仕事でも
恋愛でも
友だちづきあいでも、
もらうより
あげる方がずっと好きなの。

ココは仕事で成功を収めましたが、「人間の価値はお金をどれだけ稼ぐかよりも、
どう使うかで決まる」という信念を持っていました。
そして親しい人々や偉大《いだい》な芸術家たちへの援助を惜しみませんでした。

短所は魅力に変えることが
できるのに、
みんなは隠すことばかり考える。
もし短所を
上手に使えるようになったら、
こわいものなしになるのにね。

多くの魅力的な男性と恋愛を楽しんだココは、
女性の長所は男性をひるませると言っています。むしろ、短所を魅力的に見せつつ、
長所を隠しておく(しかも隠していることは理解させる)べきだと述べているのです。

もし、
かけがえのない人間に
なりたいのならば、
人と違っていなければ
なりません。

ココは、世界中の誰もが知っている伝説的デザイナーになりました。
それは、シャネル・スーツやリトルブラックドレスなど、
それまでになかったアイテムを生み出し、人々の価値観を変えてしまったからです。

この世には、
こうなりたいという
理想の自分と、
そうではない現実の
自分がいるのよ。

不幸な子ども時代を過ごしたココは、幸せを手に入れようともがき続けました。
さらに、不幸な過去さえも嘘《うそ》を語ることでなかったことにしようとしました。
彼女の子ども時代の心の傷が癒《い》えることはなかったのです。

プレゼントには、
花をちょうだい。

ココは多くの男性に愛され、プレゼントもたくさんもらいました。
しかし、彼女にとって贈り物の値段はあまり関係ありませんでした。
本当に美しいものかどうか、心を揺り動かすものかどうかが大切だったのです。

わたしが働いたのは、
自分に自信を
持ちたかったからなの。

ココは70歳を超えてからも、なにも飲まず食わずで立ったまま、9時間以上も働き続けました。
完ぺき主義者で、気に入らない服は何度でも作り直しました。
彼女にとって、仕事とは人生そのものだったのです。

チャンスって、
ちょっとした
ところから
生まれるものよ。

ゆずりあい

↓

わりこみ

ココが最初に手がけたのは帽子でした。デパートで買った飾《かざ》りのない帽子に
ココが飾りつけをすると、帽子は3倍以上の値段で飛ぶように売れていったのです。
そこからココ・シャネルの伝説がはじまりました。

ようやくわたしも、
安心して
よりかかることのできる
肩を見つけたわ。

イギリスでもっとも資産の多い貴族として知られた、
ウェストミンスター公爵《こうしゃく》と交際をはじめたとき、ココはこのように述べています。
結婚も本気で考えたのですが、ココは結局、仕事を選んだのでした。

わたしがなにかを やるときは、決して 中《ちゅう》途《と》半《はん》端《ぱ》にはしません。

ココはどんなことにも決して妥《だ》協《きょう》を許しませんでした。
友人の着ている服の出来の悪さに耐えられず取り上げて、その場で服を作り直していき、
結局その服がシャネル・スーツになってしまったことも、よくありました。

自分の人生がわかるのは、
逆境《ぎゃっきょう》の時よ。

ココは第二次世界大戦の直前にファッション業界から引退しました。
大戦中にナチス・ドイツの軍人を恋人にしていたため、戦後はパリを離れスイスで暮らします。
ところが引退から15年後、彼女はパリコレクションに復帰したのでした。

古い服は、
古い友だちみたいな
ものよ。

70歳のココが15年ぶりにデザイナーとして復帰を決めたとき、世界は驚きました。
そして彼女は再び第一線のデザイナーとして活躍するようになります。
シャネルの服は何年たっても決して古びることがなかったのです。

からだの動きは、
背中にもっともよく
表れるの。
あらゆる動きは
背中からはじまるのよ。

ココは、女性の体を不自然にしめつけるコルセットを過去のものとしました。
彼女は、女性の動きを制限する服の存在は決して許しませんでした。
着心地がよく、動きやすく、美しい。それがシャネルの服だったのです。

ぜいたくは、
心地よさが一番大事。
心地よくなかったら
ぜいたくとはいえないわ。

安心して身をかがめたり、ゴルフをしたり、馬にのったりできないとしたら、
それは服とはいえない――ココはそう述べています。
彼女は生涯を通じて、自分自身が着られる服しか作ろうとしませんでした。

わたしは
小さな家でいい、
自分の巣《す》が
あるだけでいい。

ココは、自分の住む家の調《ちょう》度《ど》品《ひん》や窓から見える景色にはこだわりましたが、
大きさは気にしませんでした。彼女は一貫して、必要以上のぜいたくは好みませんでした。
そこに価値を見出せなかったからです。

一日ごとに、
すべては単純に
なっていくものよ。
だって、一日ごとに
なにかを学ぶのですから。

ココが作り出すコレクション、とくにスーツは代わり映《ば》えがしないという批判もありました。
しかしそれは、ココが10年以上着られる服を作っていたからです。
短い流行に左右されない、揺るぎない美を求めていたのです。

わたしは忘れっぽい。
忘れるのが好きなの。
余計なことを
忘れることで、
創造《そうぞう》することが
できるのだから。

ココは人並みはずれた記憶力を持っていましたが、自分の過去について、
彼女は多くの嘘を話していました。彼女の友人はそれを、
偽《にせ》の宝石をつかって美しい服を作るのと同じ行為なのかもしれないと述べています。

もしすべてを失くして
ひとりぼっちになったとしても、
相談できる友人をひとりは
持つことが大切よ。

さびしがり屋で、ひっきりなしにおしゃべりをするココにとって、
話し相手になってくれる友人は不可欠でした。
彼女はその生涯を通じて多くの友人がいて、彼女の周りにはいつも誰かしら人がいました。

あなたは気にしすぎるようね。
わたしたちは友だちでしょう?
わたしにできることをさせて。

ココは激しい気性《きしょう》でしたので、よく周囲の人々とケンカをしました。
しかし、本当に友人が困っているときには手を差し伸べました。
たとえば友人の妹が病気になったときには、病院とホテルを手配してあげています。

現実的なのって、
夢がないと思わない？
わたしは夢を
見ていたいの。

ココはロマンチストで、常に夢見がちな女性でした。
そして彼女は、現実に妥協せず多くの夢をかなえていきました。その結果として
彼女の創り出す夢のような服は、女性の価値観や生き方さえも変えていったのです。

［4］

ルーシー・モード・モンゴメリの言葉

『赤毛のアン』にはじまる一連のシリーズを執筆し、世界中の少女たちを夢中にさせたルーシー・モード・モンゴメリ。その作品の中には、作者自身が生まれ育ったカナダのプリンス・エドワード島での日々が豊かな筆致《ひっち》で描かれています。

モンゴメリは1歳9ヶ月で母を亡くし、幼くして父とも離れ、厳格《げんかく》な祖父母の家で育てられました。彼女はとても内気な性格でしたが、読書家で勉強好きでした。そして14歳のときに学んだゴードン先生にあこがれ、教員資格をとって学校の先生になります。

しかし、モンゴメリが一番なりたかったのは小説家でした。21歳のときに投稿原稿《とうこうげんこう》ではじめて原稿料をもらった彼女は、次第に原稿料で生活できるようになっていきます。そして23歳のときに自宅に戻り、祖父を亡くして一人暮らしをしていた祖母の世話をしながら暮らすようになりました。単調な日々の中、彼女は執筆にはげみます。そして34歳のときに初の長編『赤毛のアン』を出版、またたくまにベストセラーとなりました。彼女はついに、子どもの頃からの夢をかなえたのです。その作品は、今も世界中で読みつがれています。

Lucy Maud Montgomery

（作家／1874–1942）

わたしにとって、
木《こ》陰《かげ》でみんな一緒に
お弁当を食べる時間が
どれほど素晴らしいものであったか。

モードは幼くして母を亡くし、父がアメリカへ働きに行ったため、
祖父母の家で厳しく育てられました。小学校の友人たちが一緒にお弁当を食べる
お昼ごはんは、ひとりだけ家に帰って食べなくてはなりませんでした。

どうして人は
自分の手がとどかない
ものに限って、
とてもうらやましく
感じるのでしょう。

小学校の登《とう》下《げ》校《こう》時、他の子どもたちははだしだったのに、モードだけは祖父母によってブーツをはかされていました。モードは他の子たちがうらやましかったのですが、他の子たちはモードがうらやましかったようです。

人から好かれるのって素敵なことね！

優秀な成績で小学校を卒業したモードはハイスクールに進学しました。
そこでも多くの友だちができ、ウィルという男の子とはとくに仲良くなりました。
2人は授業中に、暗号《あんごう》を使いながら手紙のやり取りをしていました。

わたしは本がとても好き。
だから一冊を何度も
繰《く》り返し読む。
十回繰り返し読んでも、
いつもはじめて読んだように
面白い。

モードは子どもの頃から読書が大好きでした。ハイスクール時代には、彼女が書いた詩が新聞に掲載《けいさい》されました。当時、カナダに帰国した父親の家から学校に通っていたモードは、父親にほめられて大喜びでした。

今まさに、
春がはじまろうとしている。
ああ、世界はこんなにも
素晴らしい。

ハイスクールを卒業したモードは、教師になることを決心します。
そのためにはカレッジに行かなくてはならないのですが、祖父母は大反対でした。
モードは1年かけて説得し、ようやく念願《ねんがん》のカレッジへ行けることになりました。

人間というものは、
前進か後退しかない。
変化しないなどと
いうことはないのだ。

受験《じゅけん》者264人中5位で、モードはカレッジに合格します。仲のよい友だちもでき、
素晴らしい先生たちから学ぶことができました。しっかり前進し続けたモードは、
ついに教員試験《しけん》にも合格し教員免許《めんきょ》を手に入れたのでした。

ルーシー・モード・モンゴメリ

お茶を飲んでから
入浴して
ゆったりすると、
ようやく勇気が
出てきた。

モードが最初に先生となったのは、ビディファド村の小学校でした。
はじめて授業をした日、モードはとても緊張《きんちょう》したそうです。
家に戻ったときには疲れ果てていたそうですが、お茶を飲んで入浴し、明日に備《そな》えるのでした。

休息したい。
休息したい。
休息したい。
ああ、
ずっと家にいられたら
どんなにいいだろう。

ビディファドで1年教えたモードは、文学を学ぶため大学の短期コースに行きます。
大学で学ぶ間、原稿が複数の雑誌や新聞に掲載されるようになりました。
卒業後は再び教師に戻り、また、なかなか休めない忙しい毎日を送ります。

誰もひとりでは
生きられないということが、
ついにわかった。

しばらく小学校教員として働いていたモードですが、
祖父が亡くなって祖母ひとりとなった実家に戻ることになります。
モードはそこで、生まれ育った村の人々と生活しながら、執筆にはげみます。

作品に集中していると、
悲しみや苦しみを
すべて忘れられる。

モードは祖母と2人だけの暮らしをしながら、作品の執筆に没頭《ぼっとう》しました。
それまでは原稿料がもらいやすい短編ばかりだったのですが、
29歳のとき長編小説の執筆を決意します。それが『赤毛のアン』だったのです。

冬のあとには、
わたしたちを喜ばせる
次の春がくるはずだ。

『赤毛のアン』を書き上げた直後はどの出版社からも断られて、
原稿は部屋にしまわれました。しかし2年後、再びモードは原稿を見つけて出版社に送ります。
そしてついに出版社から採用の手紙が戻ってきました。

どんなに遅れようとも、
春はいつかかならず
訪れる。
冬が長く厳しいほど、
春を迎える喜びは
大きいはずだ。

モードは繊細《せんさい》な心の持ち主で、しばしばうつ症状に苦しみました。
また結婚したユーアン・マクドナルドも、モード以上に深刻なうつを患《わずら》っていました。
モードはそれでも執筆を続け、どの作品もベストセラーになりました。

この世界には、
わたしたちが
それを見つける目、
それを喜ぶ心、
それを集める手を
持ってさえいれば、
たくさんの素晴らしいことがあるのだ。

モードは悲しいことがあったときも、日記に自分をはげます言葉を書きながら
小説の執筆を続けました。世の中には苦しいことや悲しいことが多くあるが、
それ以上の喜びや楽しみがあるのだ、と述べているのです。

どんなに晴れた日でも雲はある。

しかし、空にはいつも太陽がある。

それを忘れてはならない。

日記の中で、モードはこのように述べています。
彼女は自分の人生に多くの悲しみや挫折があったことを認めています。
しかし、彼女は常に人生を前向きに捉えようとし、そして一歩一歩前へと進んでいったのです。

ルーシー・モード・モンゴメリ

ねこ

わたしにとって、
書くことこそが
人生の目的でした。

モードは「わたしは文章を書いていなかったときを思い出すことはできません」と述べています。モードにとって書くことは日常でした。
つらいときも泣きたいときも、書くことになだめられ、はげまされてきたのです。

夢の実現は甘くて美しい。
夢そのものと同じように。

『赤毛のアン』シリーズはベストセラーとなり、世界中で読まれるようになりました。
映画も大ヒットし、小説の舞台となった故郷《ふるさと》は国立公園に指定されました。
書くことが大好きだったモードはついに夢をかなえたのです。

[5]

マリー・キュリーの言葉

マリー・キュリーは女性としてはじめてノーベル賞を受賞し、またはじめて2度ノーベル賞を受賞した人物です。ポーランドで生まれたマリーは勉強を続け、ついにはフランスのパリへ行き大学に通うようになります。そこでマリーは若き研究者ピエール・キュリーと出会います。自分とともに人生を歩める「天才の女性」を求めていたピエールはマリーに求婚《きゅうこん》し、2人は結婚をしました。

2人は放射線《ほうしゃせん》の共同研究を開始し、すぐに放射線を発する原子《げんし》の存在を発見します。さらには苦労して放射性元素《げんそ》ラジウムとポロニウムの発見に成功。それらの功績で夫妻はいっしょにノーベル物理学賞に選ばれました。2人は幸せの絶頂でした。

ところがその2年後、悲劇が起こります。夫のピエールが事故死してしまったのです。マリーは悲しみにくれながらも夫とともに進めてきた研究を続け、ついにはノーベル化学賞を受賞。その後も亡くなる直前まで研究を続けました。また、研究所を設立して多くの優れた弟子を世に送り出し、娘のイレーヌとその夫フレデリックも、そろってノーベル化学賞を受賞しています。

Marie Curie

（科学者／1867–1934）

わたしたちの義務は、
役に立つことが
できる人を見つけ出し、
その人を
助けることなのです。

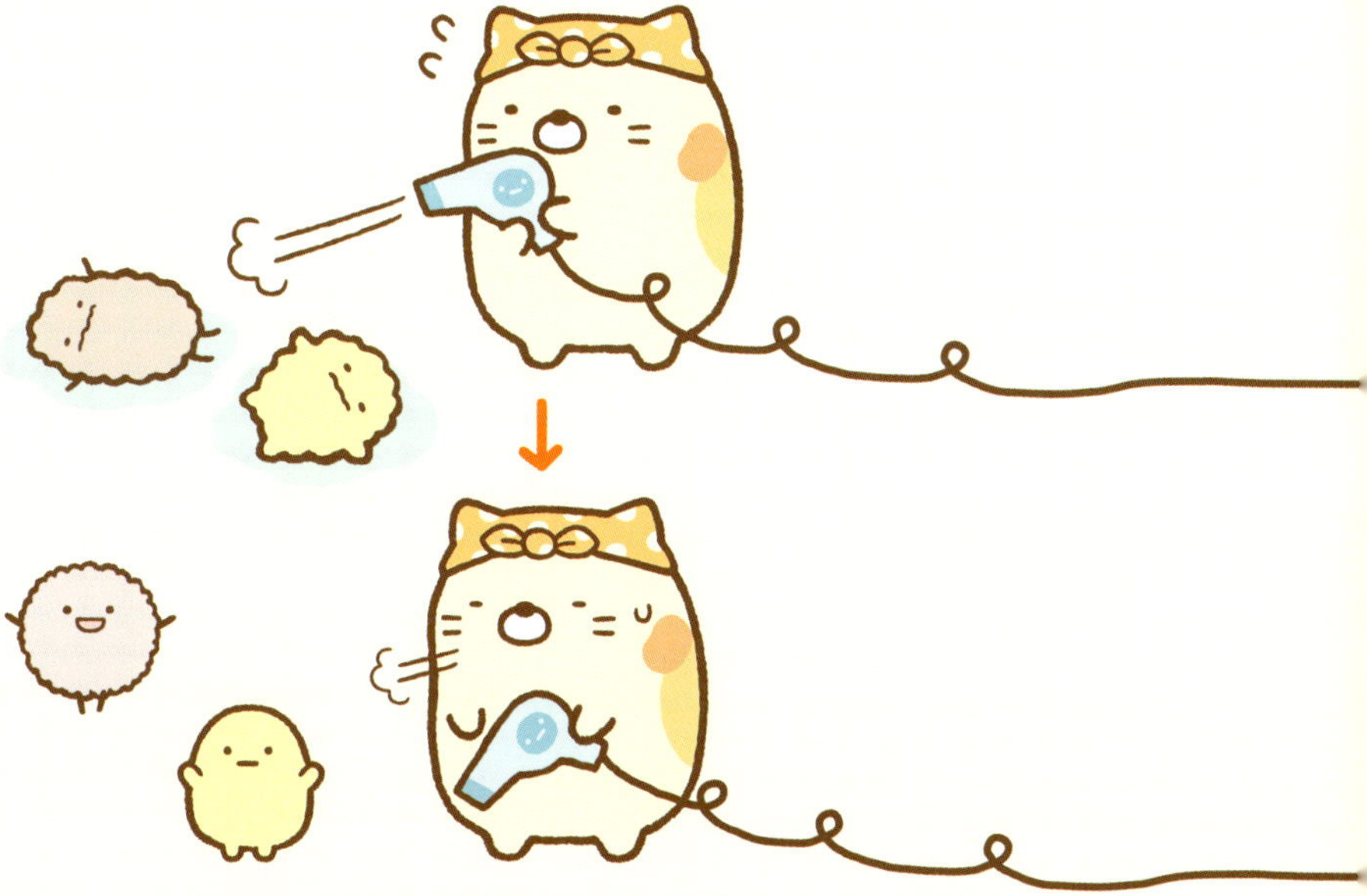

マリーが生まれたポーランドはロシア統治下《とうちか》にあり、大学教授の父と
女学校の校長だった母は仕事を失い、マリーは非合法《ひごうほう》な「移動大学」で学びました。
マリーは後年、そのことに感謝し、教育の大切さを述べています。

人生って、
そんなにくよくよすること
ばかりじゃありません。

マリーは学費《がくひ》を稼ぐため田舎《いなか》の家庭教師をはじめます。そこで住み込み先の
裕福な家庭の長男と恋に落ちますが、身分が違うと反対されて結婚できませんでした。
しかしマリーはくじけず勉強を続け、パリに留学《りゅうがく》し大学へ通います。

わたしたちは運命の力で
深く結びつきました。
そして、
はなればなれになるのを
想像することさえ
耐《た》えられなくなったのです。

小さな屋根裏《やねうら》部屋に下宿《げしゅく》して勉強をしていたマリーは、若き研究者だった
ピエール・キュリーと出会います。2人は会ってすぐに意気投合《いきとうごう》し、恋に落ちたのです。
この言葉は、友人に結婚を知らせるキュリーの言葉です。

わたしたちは、社交から逃げて静かで平和な生活を送ることを心から願っていました。

キュリー夫妻は放射能を発する放射性元素の存在を明らかにし、ラジウムとポロニウムという新元素を発見しました。夫妻はノーベル物理学賞を受賞しますが、社交が苦手な2人はひっそり暮らすことを望みました。

わたしは春と夏には
緑豊かな木々を見て、
楽しみたいと思ったのです。

マリーは新たな研究所を設立する際には、敷地《しきち》に木を植えることにこだわりました。
研究に没頭していたキュリー夫妻の楽しみは、息抜きとして緑の木立《こだち》を散歩したり、
田舎にピクニックに行くことだったのです。

どうか、よい年をお迎えください。
よい年とは、体が健康で、
気持ちが明るく、
毎日生きる喜びが
感じられる年のことです。

マリーは子どもたちに深い愛情を持って接していました。
彼女は娘のイレーヌとその夫宛《あ》ての新年の手紙にこのように書いています。
なお、イレーヌも夫婦一緒にノーベル化学賞を受賞しています。

大切なのは
「わたしにできることは
ぜんぶやった」
と言えるように
自分の人生を生きる
ことです。

マリーの姪《めい》が昔に生まれたかったと言い、娘のイレーヌが未来に生まれたかったと言ったのを受けて、マリーはこのように言いました。
どの時代でも自分次第で有意義な人生にできると、彼女は考えていたのです。

できることなら
地面にもぐって、
そのまま静かに
すごしたい。

女性としてはじめてのノーベル賞受賞、そして史上初の2度目のノーベル賞受賞
……世界中がマリーに注目しました。
ところが、彼女自身は毎日地道に研究を続ける生活を愛していたのです。

人はみな、
なにか才能を持っている。
そしてその才能は必ず
開花させられる。
そう信じることから
すべてがはじまります。

マリーは一家の貧困、学習する機会の喪失《そうしつ》など、厳しい環境で成長しました。
しかしそのような環境に負けることなく、自分の才能を信じて勉強を続けました。
それによって、偉大な科学者として名前を残したのです。

みんなが、わたしの大事な宝物です。

家族思いのマリーは、家族への手紙をたくさん残しています。
その中で、娘たち一家に向けて書いているのがこの言葉です。
マリーは家族を大切にし、多くの弟子を立派な研究者に育て上げました。

『VOGUE ON COCO CHANEL』
Bronwyn Cosgrave、Quadrille Publishing Ltd／2012年

『シャネル、革命の秘密』
リサ・チェイニー著、中野香織監訳、ディスカバー・トゥエンティワン／2014年

『シャネル 人生を語る』
ポール・モラン著、山田登世子訳、中央公論新社／2007年

『ココ・シャネルの秘密』
マルセル・ヘードリッヒ著、山中啓子訳、早川書房／1995年

『カンボン通りのシャネル』
リルー・マルカン著、村上香住子訳、マガジンハウス／1991年

『VOGUE ON　ココ・シャネル』
ブロンウィン・コスグレーヴ著、鈴木宏子訳、ガイアブックス／2013年

『ココ・シャネル　女を磨く言葉』
高野てるみ著、PHP研究所／2012年

『ココ・シャネルという生き方』
山口路子著、KADOKAWA／2009年

『The Alpine Path:The Story of My Career』
L.M. Montgomery、Scholar's Choice(paperback)／2015年

『The Selected Journals of L.M. Montgomery:1889-1910』
L.M. Montgomery著、Mary Rubio, Elizabeth Waterston編、Oxford Univ Pr／1986年

『険しい道・モンゴメリ自叙伝』
L.M.モンゴメリ著、山口昌子訳、篠崎書林／1979年

『名作を生んだ作家の伝記⑥「赤毛のアン」の島で～L.M.モンゴメリ～』
奥田実紀著、文溪堂／2008年

『モンゴメリ日記①(1889～1892) プリンス・エドワード島の少女』
L.M.モンゴメリ著、メアリー・ルビオ、エリザベス・ウォータストン編集、桂宥子訳、立風書房／1997年

『モンゴメリ日記②(1893～1896) 十九歳の決心』
L.M.モンゴメリ著、メアリー・ルビオ、エリザベス・ウォータストン編集、桂宥子訳、立風書房／1995年

『モンゴメリ日記③(1897～1900) 愛、その光と影』
L.M.モンゴメリ著、メアリー・ルビオ、エリザベス・ウォータストン編集、桂宥子訳、立風書房／1997年

『MADAME CURIE』
Eve Curie著、Editions Gallimard／1938年

『Pierre Curie:With Autobiographical Notes by Marie Curie』
Marie Curie、Dover Publications; 2nd Revised版／2012年

『キュリー夫人伝』
エーヴ・キュリー著、河野万里子訳、白水社／2014年

『世界ノンフィクション全集⑧』
筑摩書房編集部編、筑摩書房／1960年

主要参考文献

『AUDREY HEPBURN』
Barry Paris著、Putnam Adult／1996年

『AUDREY HEPBURN』
Ian Woodward著、St Martins Pr／1984年

『Audrey Hepburn, An Elegant Spirit：A Son Remembers』
Sean Hepburn Ferrer著、Atria／2003年

『How to be Lovely：The Audrey Hepburn Way of Life』
Melissa Hellstern著、Robson Books Ltd／2005年

『オードリー・ヘップバーン物語』
上下、バリー・パリス著、永井淳訳、集英社／2001年

『オードリーの愛と真実』
イアン・ウッドワード著、坂口玲子訳、日本文芸社／1993年

『AUDREY HEPBURN　母、オードリーのこと』
ショーン・ヘップバーン・フェラー著、実川元子訳、加藤タキ監修、竹書房／2004年

『オードリー・ヘップバーンの秘密　エレガントな女性になる方法』
メリッサ・ヘルスターン著、池田真紀子訳、集英社／2005年

『オードリー・ヘップバーンという生き方』
山口路子著、KADOKAWA／2012年

『AN AUTOBIOGRAPHY』
Agatha Christie著、HarperCollins; 25th Anniversary Commemorative Edition.版／2001年

『アガサ・クリスティー自伝』
上下、アガサ・クリスティー著、乾信一郎訳、早川書房／2004年

『アガサ・クリスティー百科事典』
数藤康雄編、早川書房／2004年

『CHANEL AN INTIMATE LIFE』
Lisa Chaney著、Fig Tree／2011年

『L' ALLURE DE CHANEL』
Paul Morand著、Gallimard Education／2009年

『COCO CHANEL SECRÈTE』
Marcel Haedrich著、Editions Robert Laffont ／1971年

『CHANEL M' A DIT』
Lilou Marquand著、Editions Jean-Claude Lattès／1990年

すみっコぐらしの
すみっこ名言

2015年 9 月22日　第1刷発行
2018年 1 月30日　第7刷発行

［監　修］　サンエックス株式会社
［発行者］　川金正法
［デザイン］　新上ヒロシ＋粟村佳苗（ナルティス）
［編集協力］　よこみぞゆり・小保方悠貴・川崎聖子・久保田愛実・桐野朋子（以上、サンエックス株式会社）

［発　行］　株式会社KADOKAWA
〒102-8177　東京都千代田区富士見2-13-3
TEL:03-3238-8521（カスタマーサポート）
http://www.kadokawa.co.jp/

［印刷・製本］　大日本印刷

©2015 San-X Co., Ltd. All Rights Reserved.
©KADOKAWA CORPORATION 2015, Printed in Japan

ISBN978-4-04-601272-2　C2076

落丁・乱丁本はご面倒でも、下記KADOKAWA読者係にお送りください。

送料は小社負担でお取り替えいたします。

古書店で購入したものについては、お取り替えできません。

電話049-259-1100（9:00～17:00／土日、祝日、年末年始を除く）

〒354-0041 埼玉県入間郡三芳町藤久保550-1

本書の無断複製（コピー、スキャン、デジタル化等）並びに無断複製物の譲渡及び配信は、著作権法上での例外を除き禁じられています。また、本書を代行業者などの第三者に依頼して複製する行為は、たとえ個人や家庭内での利用であっても一切認められておりません。